DIBUJAR

ESPACIOS

Gema A. Bartolomé Peña

Poemario de vida y arte

europa
ediciones

© 2025 **Europa Ediciones** | Madrid
www.grupoeditorialeuropa.es

ISBN 9791256960552

I edición: marzo del 2025

Distribuidor para las librerías: **CAL Málaga S.L.**

Impreso para Italia por Rotomail Italia S.p.A. - Vignate (MI)

Stampato in Italia presso Rotomail Italia S.p.A. - Vignate (MI)

Poemario de vida y arte

Índice

Prólogo

La poesía es quizá una de las formas artísticas más puras, claras y límpidas. A pesar de las infinitas formas que puede adoptar la poesía, de los intentos que el escritor puede adoptar para disfrazar su verdadera intención tras palabras elevadas, la poesía, si se lee con atención, expondrá a la luz y dejará al descubierto los verdaderos sentimientos, incluso los mejor ocultos. Porque la poesía es luz, es verdad. Y la misión del poeta siempre ha sido animar, en su sentido exacto, animar, dar vida a sentimientos, recuerdos, miedos e ilusiones.

En este caso, Gema Almudena Bartolomé Peña, opta por compartir parte de sí misma, de sus recuerdos y de su vida con el lector. Su poemario es, de hecho, un canto y al mismo tiempo una acción de gracias a la vida, a Dios que nos la dio, a su ciclo mortal, pero al mismo tiempo infinito.

Con versos sencillos, limpios y llenos de gracia, la poeta alaba la vida en todos sus aspectos, desde las etapas que caracterizan la vida humana hasta los recuerdos que nos permite cultivar a lo largo del tiempo, pasando por los sueños, los sentimientos y, sobre todo, la belleza que nos rodea y pervive en las obras de arte naturales y materiales.

No en vano, si bien esta colección es claramente un elogio a la vida, también es una auténtica oda al arte en todas sus formas: desde la escultura o el cine, que nos convierte en creadores de obras extraordinarias, hasta el teatro o la literatura, que nos permiten expresar nuestros sentimientos y ponernos en la piel de personas diferentes a nosotros, ya sean reales o imaginarias, y, por tanto, saborear un atisbo de inmortalidad.

Las imágenes que propone la poeta son vívidas, familiares, los sentimientos fácilmente compartibles. Por ello, el lector no puede sino implicarse y dejarse arrullar por el ritmo de los poemas; un ritmo sereno, armonioso y siempre perfectamente relacionado con la impresión psicológica que quiere producir y transmitir.

Esta colección puede considerarse un viaje, tanto dentro de los recuerdos de la autora como una aventura para descubrir, o redescubrir, la belleza de la vida.

Introducción

Soy un poemario

o conjunto de poemas

no demasiado ordenado

ya que salgo a mi poeta.

Pero tengo mi propio orden,

mi hilo conductor,

semejante al orden

de la vida en la Tierra,

y de la vida del hombre,

pasando por urbes

y aldeas.

Empiezo con una oda al astro sol,

después paso a la luna

y menciono a los planetas,

por partir de la galaxia,

y ya me centro en la Tierra

y sigo con la naturaleza:

el campo, las flores, el mar, los peces,

continúo con odas a algunas criaturas,

de las que pueblan la Tierra,

y termino centrándome en el ser humano

y en el Dios que todo lo crea;

hablo de alguno de sus dones

y hago un recorrido

por la vida del hombre y mujer sobre la Tierra,

deteniéndome en la urbe

y en la aldea.

Le sigue una oda a la estética y la ascética,

por el juego de palabras, y

como continente y contenido

de parte de nuestro arte,

después hago un pequeño recorrido

por el mundo del arte

y como estamos en literatura

finalizo a lo grande,

homenajeando a los poemas,

en sus sonetos y romances.

1.

El sol

Sol, astro fuerte
astro inmenso y poderoso
de luz y calor infinitos, y color:
amarillo o anaranjado,
con destellos de fuego rojo o rosado.

Imposible mirarte fijamente
pero, si lo intento
todos esos colores contemplo,
justo antes de quedar cegada
y por tu inmensa fuerza, noqueada.

Sol generoso,
que das vida a los árboles y a las plantas
y atraes a bandadas de aves
que viajan a tu encuentro,
o se te acercan
sobrevolando mares,

tierras y monumentos.

Y nos ayudas a orientarnos
cual brújula que no falla
porque nunca te estropeas,
aunque a veces las nubes te tapan.

Y cuando de noche te ocultas
para iluminar otras tierras
nos ayudas a descansar tranquilos
que mucha luz para dormir, no es buena.

2.

La luna

Luna vanidosa,

luna bella,

luna ora blanca o, en ocasiones, negra,

azul o añil oscuro,

con rasgos de princesa,

de perfil egipcio,

si creciendo o menguando te encuentras,

pero al crecer e iluminar bien la tierra,

te conviertes en Pepona,

linda Pepona de cara llena.

Luna con embrujo,

gitana de leyenda,

hechicera del mar,

al que provocas mareas;

pero que goza jugando contigo

y dejando que sus aguas plata sean.

Luna femenina,

satélite de la tierra.

3.

Los planetas

Los planetas también forman parte de nuestra historia,

pues era casi lo primero que estudiábamos,

al menos en mi época

como dicen «los ancianos».

Pero volviendo al tema del que se trata,

¿quién no soñó con viajar al espacio o ser astronauta?

Y llegar hasta Plutón,

al final de la galaxia,

y ver que tamaño tiene,

que seguro que es mayor de lo que parece,

y asomarnos a Marte, el planeta hermano,

el de los famosos marcianos

o a Venus, tan calentito,

ya que siempre le está dando el solecito,

o a Júpiter, inmenso...

O a Saturno, sin duda el más famoso y conocido

por su corona de anillos,

o a Urano o Neptuno,

que son también otros planetas hermanos,

al ser de nuestra galaxia,

pero, como Plutón,

ya muy lejanos.

Pero viajar al espacio

no debe de ser sencillo,

que el mareo en nave espacial

debe ser de lo no visto,

y pastillitas de comida,

como echaría de menos

la pasta, la carne o las natillas;

y esos trajes espaciales

tampoco son de mi estilo,

¿o tú te pondrías uno,

para pasear por el Retiro?

Así que nos quedamos en la Tierra,

pues, aunque algo deteriorada,

sigue siendo nuestra casa,

y, para la vida,

el mejor de los planetas.

4.

El jardín

Lindo jardín de ensueño
iluminado por la luna
en las frías noches de invierno,
y en el que soplan los vientos
en otras noches más oscuras
tras las que amanece cubierto y blanco,
por el fino rocío
y por la niebla también blanca
que se inclina y parece abrazarle
con brazos húmedos y tiernos.

Por el día el jardín se ilumina
por los rayos del sol,
que le llegan desde lejos,
y el césped brilla verde,
espeso y frondoso,
pues el agua es vida,
y este invierno,
no ha llovido poco.

5.

El mar

Agua azul cielo,
azul marino
o azul verdoso,
si tormenta se avecina.

Agua gris,
o agua morada
si hacia la puesta de sol
el tiempo se encamina.

Agua oscura en la noche
por el reflejo del cielo
y por eso, agua gris, si las nubes
se mezclan en el firmamento
dando un cielo nublado;
el mar siempre irá a juego.

Agua fresca y ruidosa
que se eleva en altas olas
y al estrellarse en la playa

llena el agua de espuma blanca

que gorgotea fogosa

y a veces arrastra a algún pez

que ágil salta de vuelta

pues no quiere perecer.

Mar inmenso,

mar hermoso,

mar lleno de vida en el fondo,

con variedades de peces y plantas;

hasta caballitos y estrellas

habitan esas aguas.

Mar surcado por lanchas, yates,

barcos, ferries y transatlánticos,

que lo recorren alegres,

porque el mar es bello,

bien porque lo disfrutas

o porque vives de ello,

de todo lo que proporciona.

Mar inmenso,
mar hermoso
y siempre bello.

6.

Las hormigas

Como laboran las hormigas
sin que nadie las vigile,
las controle o las obligue,
lo hacen por propia convicción;
para no pasar hambre
cuando llegue el invierno
y el frío les impida buscarse la vida
en el exterior.

Normalmente trabajan en equipo
y su espíritu para ello
es sin duda de lo mejor.
Si hacen falta veinte para llevan un palito,
veinte se aplican en esa función;
si una se basta para transportar una miga
lo hace rauda, sin perder la ocasión.

Es un mundo subterráneo
que debe estar muy poblado,
amueblado y decorado,

y sobre todo, abastecido

de víveres de todo tipo,

pues el invierno es muy largo,

y a veces viene muy frío.

7.

Patito

Diminuta criatura de plumas amarillas
casi una bolita
pequeño huevecillo de cortas patitas,
y mini piquito.

Patito con ojitos de color azul o marrón
que caminará siguiendo a otro ser vivo
y comerá con gran ilusión
por lo que crecerá raudo y veloz
aunque seguirá siendo un lindo patito.

Le gusta la leche, las uvas, las hojas,
incluso aceitunas y jamón,
tomates, carne, pollo, sandía
no tiene hartura mi patito glotón.

Se baña feliz y nada en un cubo
a falta de estanque, o en un barreño,
y al salir mojado se le ve tan pequeño...

No me sigas siempre precioso patito

porque sin quererlo, a veces te piso,

como luego he comprobado,

pues en las membranas entre tus deditos,

algún moratón puede ser visto.

Pero tú no te quejas

y sigues conmigo,

y me coges el pelo con tu piquito,

y comes de mis manos o de mi regazo,

y más tarde, de jugar cansado

reposas tu cabeza sobre mi pecho

y metes el piquito debajo de mi brazo

y te decides a descansar un rato,

que mañana tiempo tendrás de hacer millas

siempre siguiendo mis zapatillas.

8.

La granja de mis amigos

Pío, pío, pían los pollitos,

miau, miau, maúllan los gatitos,

muu, muu, mugen los terneritos,

yiii, yiii relinchan los potrillos,

¿o en el soniquete de los cerditos?

Si voy a una granja

éste es el sonido;

es el lenguaje de nuestros amigos,

de muchas criaturas,

de muchos seres vivos,

que nos alegran la vida

y nos dan mucho cariño;

y no les entendemos

si no les escuchamos

pero si lo hacemos,

claro que de lo que quieren,

nos enteramos.

9.

Para Copito

Copito de Nieve,
el gorila albino,
blanquito y bonito,
catalán de adopción.

Viviste muchos años
en ese zoo de Barcelona,
donde siempre fuiste
la principal atracción.

Treinta y seis años pasaste,
viendo aquellas latitudes
y reconozco desconocer con exactitud
los años que contabas al llegar,
pero espero que fueras tan feliz,
como felices nos hiciste,
a los que disfrutamos viéndote
comer, dormitar o jugar.

Puede que echaras de menos la preciada libertad,

pero no se puede decir

que sufrieras por soledad,

pues con tres hembras distintas

veintiún hijos tuviste,

y comida en abundancia,

atención médica y cuidados,

hasta que te llegó el final

ya con avanzada edad.

10.

Gatito Pardo

No te pido que me enseñes la patita ni el hociquito,
como hacían los cerditos con el lobo,
pues yo me fío de ti
gatito pardo y bonito,
aunque a veces haces trastadas
como el tópico de deshacer ovillos
y no olvidas los despistes que podemos tener contigo,
y si puedes, nos los devuelves.

Pero yo sí que olvido esos desplantes,
jugando contigo,
pues te llamo y vienes raudo,
y te acaricio con mimo;
ronroneas y te encorvas
para rápido tumbarte
mostrándome tu barriguita,
para que yo te la rasque,
y si a hacerlo me decido
te revuelves y coges mi mano con

tus manitas

y la acercas a tu boca

para rápido morderla

y yo, rápida, la retiro

y te vuelves a mirarme,

haciéndote el sorprendido,

como diciendo:

«Si yo no he sido».

11.

Pastor Belga

Que estampa tan marcial,

sentado junto a su dueño

y pareja de trabajo,

ambos firmes y derechos

y atentos a todo lo que sucede alrededor.

Uno de ellos es humano

pero el otro es un pastor

un perro pastor belga,

para más señas,

y tan solemne como el anterior.

A pesar de estar ambos,

en su puesto de trabajo,

yo me acerco sonriente y cariñosa,

a acariciar a la mascota,

que aunque alguna medalla tenga,

sigue siendo un perrillo,

y presumo que sensible

como todos al cariño;

pero éste está adiestrado

y a fe que sabe cumplir

con lo que le han encomendado.

Pues aunque le acaricio, le susurro

y le rasco la cabeza,

él se mantiene en su puesto,

y solo se permite el gesto

de levantar su patita,

y tendérmela educado,

puesto que sin habernos presentado

no hay lugar para otros atrevimientos.

12.

El ser humano

Esta vez sobre el ser humano

va a versar este poema,

sobre mis hermanos

los hombres y las mujeres.

Los reyes de la tierra,

porque el Dios del cielo,

el Creador,

así lo quiso,

y de ahí viene nuestra grandeza

que no es tal,

pues pequeños somos,

pero con derechos y dignidad

que de lo alto nos llegan.

13.

Esperanza

Y al ser humano,

si las cosas vienen mal dadas,

no le quites la esperanza

pues quizá sea todo lo que tiene.

La esperanza es la fuerza que le ayuda cada día

a salir de la cama,

subir la persiana

y seguir con su vida.

No le quites la esperanza

que la esperanza es verdad,

la vida de muchas vueltas

y es muy probable

que cuando pasen meses o años de mañanas,

no sólo salga

sino que brinque desde la cama

para no perder ni un segundo,

pues el tiempo se le quedará corto

para realizar sus proyectos

y saborear la vida

que brille en esos momentos.

No le quites la esperanza.

Y pon alas a su cuerpo.

14.

Espíritu de Dios

Pensaba yo en la esperanza,

y meditaba en mi interior,

mientras pensativa caminaba;

y a mis oídos llegó,

una voz suave y clara,

que cantaba a viva voz:

«Espíritu, Espíritu.

Espíritu de Dios».

Y esa era la respuesta,

la razón de la esperanza,

el motor que hace girar la rueda

y mantiene en órbita a la tierra.

Y a medida que gira y gira

la vida va dando vueltas,

y lo que antes estaba arriba,

luego baja y viceversa,

y nos va dando lecciones

para seguir en la brecha.

Y no crecernos en el triunfo
ni disminuir en las penas,
pues nos esperan unas, varias
o quizá muchas vueltas.

Y ahora voy con las etapas
del ser humano en la tierra.

15.

Un bebé

Es una criatura minúscula,
un bebé recién nacido,
parece un muñequito,
pero, qué potencia de pulmones,
viene con fuerza el chiquito.

Sin duda es un niño fuerte
también se aprecia en sus deditos
pues si te cogen el tuyo
no los sueltan,
a fe que aprietan mucho.

Pero lo más impresionante son sus ojos,
esos ojos todavía de un color impreciso,
porque hay quien dice que cambian,
pero tan vivos,
tan vivos y de profunda mirada,
que se diría que reflexiona,
al menos si te mira tranquilo.

16.
Perdida

Me he perdido.

Soy muy bajita
porque soy pequeñita,
y voy corriendo por una plaza,
voy corriendo entre coches estacionados,
pero no veo a nadie.

Así que una congoja que me ahoga
me sube a la garganta
provocándome el llanto
y lágrimas enormes inundan mis ojos,
ya no veo ni los coches.

Ya no veo, solo lloro
y también corro
porque aún a ciegas
intento salir de esa ratonera,
de ese laberinto de coches aparcados,
que me tiene prisionera,
porque necesito encontrar a mis padres,

o a mis tíos,

a quien sea…

Hoy estaba con muchos familiares

y ahora no hay nadie, no hay quien se lo crea.

Pero todos me están buscando

por lo que finalmente me encuentran.

El susto ya ha terminado,

pero yo a partir de ahora

no me suelto de la mano

porque…

qué mal lo he pasado.

17.

Primera infancia

Hay otros recuerdos de mi infancia

que provocan mi nostalgia,

nostalgia y emoción...

las bolas locas, las canicas,

las muñecas, el yoyo,

la leche de burra, la plastilina

o los recortables de cartón.

Y no porque todo entonces fuera

de brillante color,

pues también había grises y oscuros

y notas de todo color:

pero el tiempo todo lo cura

y la memoria es selectiva

y sí, durante un corto espacio de tiempo

sería realmente bello

regresar a aquellos días

y revivir aquellos momentos;

y volver a saborear los sabores,

oler los olores y

sentir las sensaciones

de aquella niebla

y aquella escarcha

o de pisar los charcos

con las botas de agua.

18.

Linda Muñeca

No te llamas Muñeca
aunque podrías llamarte,
pues Muñeca es un nombre
y sí, Muñeca, hoy, voy a nombrarte.

Mi muñeca preciosa
que llenabas mi alcoba
de ilusión y fantasía
desde aquella noche de Reyes
en que a mi encuentro te traerían
aquellos tres Reyes poderosos
que llegaron en camello,
cansados camellos
anhelando beber agua
y que en casa la obtuvieron,
y bebieron y bebieron
pues la bañera estaba llena
esperando por ellos.

Y también los tres Reyes

una copa de champagne obtuvieron,

ya que la noche estaba fría,

y en esas ocasiones,

algo así entona el cuerpo.

Y dejaron la muñeca, dulces,

dinero y un tren eléctrico

y también alguna otra cosa

que ahora mismo no recuerdo

pues mis ojos

al pasar aquella puerta,

se quedaron extasiados ante la linda muñeca

y ya no vieron otra cosa.

Mi muñeca que cantaba,

gracias a una colección de discos

que llevaba en un bolsito

y le poníamos en la espalda

y después accionábamos,

presionando su ombliguito,

y ella cantaba y cantaba

y mi corazón alegraba, sentadita,

en el centro de mi cama.

Mientras sus hermanas muñecas

hacían los coros

y tras rodearnos,

muy quietas se quedaban.

19.

La primavera en bicicleta

Voy feliz pedaleando

sobre mi pequeña bicicleta

de color plateado.

Me siento espléndida

pues el sol acaricia mis piernas

que los shorts dejan al descubierto,

y la sensación es muy placentera

después de tantos meses

de llevarlas cubiertas.

El camino me lo indica un pequeño sendero

que me abre paso en un campo frondoso,

exuberante de hierbas y flores:

margaritas, amapolas, malvas,

dientes de «leones».

incluso alguna ortiga

se mezcla en ocasiones.

Y los pájaros cantan

sobre las ramas de los árboles

y otros más osados

caminan o saltan por el suelo

hasta que las ruedas de mi bici

se acercan en exceso;

deseo acompañar su trino cantando,

pero temo asustarlos;

pruebo a tararear suavemente

y nada diferente sucede,

todo sigue como antes.

Bella primavera

que nos invade cálidamente,

nos inunda de flores y rica vegetación

y en nada molesta,

pues el ambiente es agradable

y no hay riesgo de tormenta.

20.

Amor platónico

Amor solitario,

unilateral,

no correspondido

y por nadie conocido.

Amor que es necesario ocultar

por ser incomprendido.

Amor bello,

amor primaveral,

porque aunque el otro no lo sepa,

en tu interior,

por la ilusión

de llegar a ser correspondido,

vives una primavera.

Te levantas con energía

si a la persona vas a ver,

o si cabe la esperanza,

y si no lo consigues,

confías en que mañana
la suerte venga de cara.

Y siempre hay bellas canciones
que expresan a la perfección
esas mismas emociones,
y te pones a escucharlas
una, otra y otra vez más,
y mientras tanto sueñas o lloras,
amor bonito,
amor cruel.

21.

Juventud

Bellos años de primera juventud o adolescencia
o de plena juventud, que siempre es bella.

Años que, aunque puedan comenzar con estertores,
es solo a intervalos,
pues también están llenos de proyectos e ilusiones
que crecen a medida que crecemos,
en estos años que aún sumados,
suman poco.

Pero esto entonces no siempre lo sabemos,
pues también nos quejamos y padecemos,
en bastantes ocasiones,
pero, pasado el tiempo y los años,
recordamos nuestras risas y sueños,
que sentíamos al alcance de la mano;
y algunos sí, pero no todos se cumplieron,
aunque quizá también el tiempo nos trajo otras cosas
mejores que las que soñar osamos,
pero la juventud sin duda es bella

y eso especialmente de mayores,

lo apreciamos.

22.

Sentido crítico

El mundo del celuloide,
el cine, la televisión,
también el teatro,
las canciones,
y por supuesto, los libros,
todos son grandes amigos
que influyen en nuestra vida,
de hecho, grandes maestros
pues sin apenas notarlo,
nos injertan la semilla
de lo que quieren enseñarnos.

Por eso hay que seleccionar
y mirar con ojo crítico
pues aunque de todo se aprende
y el conocimiento siempre es bueno,
también lo es el sentido crítico
para ordenar lo que aprendemos.

23.

La grandeza del amor

El amor
motor de la vida
fuente de energía,
incentivo del espíritu,
molino que gira y gira.

El amor acude a tu interior
y te llena de alegría,
de fuerza, de energía,
con él, todos los días brillan
y la luz los ilumina
incluso si están nublados.

El amor mueve al mundo
y le hace seguir y multiplicarse,
el amor que se te mete en el ser
y consigue que todo cambie
haciéndote resplandecer.

El amor incondicional de Dios,

el amor de la familia,

de padres, esposos, hijos, hermanos...

Qué bellas las familias

que son como una piña,

y como amigos

salen a tomar el aperitivo

para seguir después disfrutando del ocio,

los abuelos, los padres, los tíos, los primos,

y el peque de 5 años

que llegó cuando los otros

ya habían crecido,

y ya nadie le esperaba...

Pero ahora van todos unidos.

Y que hermosas también las reuniones de amigos,

que disfrutan quedando para contarse las cosas,

y ponerse al día,

pues la vida, a veces,

es una lotería.

Que no te falte el amor,

que no te falte en tu vida,

que no te falte el amor,

que lo sientas cada día.

24.

El amor pasión

Amor enamorado,

amor electrizado,

cuando entre esa persona y tú,

hay otro ente,

hay una fuerza.

Hay como un imán que te acerca

y te frena a la vez

pues todo a tu alrededor,

se reduce a esa presencia,

y luego ese imán atrae

nos atrae al mismo tiempo,

y ya sin remedio nos acerca.

Y es poderoso, firme y tierno,

y es pasión,

porque es una fuerza de la naturaleza.

25.

El suburbano (La Gran Urbe)

Cueva inmensa y profunda,
excavada en el cemento,
larguísimas escaleras descienden bajo tierra
a la par que algunos ascensores;
ciudad subterránea donde la hubiera,
que compite con la urbe
que se extiende por encima,
en Kilómetros y vida,
y bullicio que no cesa.

Laberinto de túneles, pasillos y escaleras
silenciosos en ocasiones
y en otros, ensordecedores,
cuando los trenes a galope se acercan.

Si la velocidad disminuye,
un pequeño chirrido,
un suave pitido
y el abrir de las puertas
que, en breve se cierran,

un pequeño traqueteo

y de nuevo el galope...

Y si dos trenes se cruzan, retumban y tiemblan,

tiemblan como dos enamorados que por la noche se entregan.

26.

Aldea castellana

Me despierto temprano por la mañana
y el silencio me acompaña;
no se oye un solo ruido a través de la ventana.

Sólo una sensación de paz,
de tranquilidad, de calma,
me rodea en esa alcoba,
de esa aldea de Salamanca.

Después oiré unos pasos tranquilos
que recorren la calle
y más tarde un pajarito cantará unos acordes,
pero nada rompe la paz ni el silencio,
nada lo rompe.

Como se descansa aquí,
como descansa el alma,
más aún despierta que dormida;
se recrea en esa paz soñada
que no quiere que se vaya.

27.

No hay quinto malo

No hay quinto malo
nos decía un vecino,
pero, ¿en qué quinto pensaba?
¿En el quinto de la fila?, el grupo musical,
o, ¿en quinto de primaria?
¿En el de la antigua EGB?
¿En el de la carrera universitaria?
¿En los quintos de la mili,
la milicia militar?
Ya nunca lo sabremos
pues el vecino, ya no está.

Porque el tiempo va pasando
y con él pasa la vida,
y por eso,
a medida que crecemos,
maduramos o envejecemos,
nos hace más ilusión
que algunas personas

nos sigan viendo como éramos.

Y uno de estos fue Miliki,

un payaso de la tele

de mis tiempos infantiles,

y yo aquí,

hoy,

le recuerdo.

28.

Miliki

Miliki,

el payaso de los niños de muchos más de 50,

como él mismo diría,

pues lo decía cuando vivía

y «esos niños» teníamos 30 o 40.

El payaso de cara feliz

sonrisa y zapatos enormes

y traje rojo,

que nos miraba con cariño

y nos preguntaba, a gritos,

como estábamos,

e insistía e insistía

simulando que no oía,

porque quería regocijarse

con nuestras respuestas,

alegres miradas y risas.

Y él era como otro niño

cuando actuaba en el circo;

alegre y despreocupado

cariñoso y confiado

mirando con sorpresa

la porción que le asignaban

cuando hacían los repartos

y a él casi no le quedaba.

¿Éste es mi pentagrama?,

le preguntaba a su hija,

y cuando Rita asentía,

el ceño fruncía

mientras con el interrogatorio seguía:

¿Y dices que son iguales?

porque nadie lo diría.

Miliki procedía de una gran saga de payasos

cuyos descendientes siguen en el

mundo del espectáculo,

entreteniendo a la gente,

mientras él, ya desde el cielo,

sigue sonriendo ampliamente.

29.

Ancianidad

La madurez o ancianidad

es una suma de contrarios,

pues el sujeto puede ser sabio

pero frágil, como un pequeño.

O puede que sea fuerte

porque con la edad todo le resbale,

pero a la vez, dependiente,

si su cuerpo no acompaña a su mente.

Esto si el anciano está sano

porque habiendo enfermedad

ya la edad da igual.

30.

El mundo de las artes

Pero todas las etapas son bellas,

y la madurez es más serena

y la literatura y demás artes

en colaborar con la felicidad

ponen su granito de arena.

Y por ello a las diversas clases de arte

quiero homenajear,

y también a los artistas

que ese arte consiguen crear.

Y no me olvido de los libros

de nuestra literatura

que nos hace soñar

y recorrer nuevas rutas,

y sin movernos de casa

conocer ciudades y plazas,

y hasta viajar en el tiempo

pues trasladarnos al pasado y al futuro

podemos,

a través de una novela.

Y conocer a personas
con las que identificarnos
y a otros que no podrían ser más contrarios,
pero que,
como siempre,
aportan algo.

Y para crear literatura
se trabaja con fonemas,
monemas y morfemas,
se juega con la palabra
persiguiendo la belleza
llena de significado.

Y como la estética es belleza,
intentaré hacer un poema
jugando con las palabras
estética y ascética,
persiguiendo un fuerte contenido
con ese pequeño trabalenguas.

31.

La ascética y la estética

La estética y la ascética

son dos ramas de la filosofía,

y como puede apreciarse

semejantes en cuanto a morfología,

pero contrarias semánticamente,

o quizá también parecidas

pues la una puede llevar a la otra;

veamos como se explica.

La estética la belleza busca

y la sola búsqueda de le belleza

a la vanidad llevaría,

vanidad que es contraria al espíritu

al que la ascética se dedica

pues trata de purificarlo;

cuestión harto profunda

frente a lo superficial de su contraria

si sólo la belleza exterior busca,

aunque la belleza también lleva al equilibrio,

y el equilibrio a la paz interior

que alimenta al alma.

Belleza es también la capacidad de amar,

y de dar felicidad,

y esos son dones del espíritu

por lo que la ascética y la estética

pueden llegar a unirse

y ser parte de lo mismo.

32.

Dibujo, Viñetas

Un artista traza unas líneas
aparentemente sin sentido,
pero no duda
lo hace seguro y con tino.

Y con algún trazo más,
aparece una silueta,
la de una princesa
recostada sobre la hierba.

Y sigue dibujando
como sin ningún esfuerzo,
y rápido vislumbramos
un prado con setos
y un caballo amarrado a ellos.

Después dibuja unos pájaros
revoloteando bajo el firmamento;
a lo lejos un castillo
se eleva sobre una montaña,
y con eso
ya ha completado la lámina.

33.

Escultura

Otra artista sentada ante su mesa

contempla un trozo de amorfa piedra,

y cogiendo un martillo y un cincel

lo incrusta con energía,

y golpea con maestría,

y al terminar el día,

un busto allí se aprecia,

y una cara de ojos grandes

con seriedad la contempla.

En vez de rizos son cuernos

los que pueblan su cabeza,

pero mañana,

ya será una rizada cabellera.

34.

Arquitectura

La catedral imponente
eleva sus torres al cielo,
altas torres de agujas en punta;
catedrales del gótico
con grupos de columnas,
grandes espacios y grandes arcos
y también grandes y bellas vidrieras
que llenan de luz la enorme iglesia,
y tiñen de colores,
bancos, estatuas, retablos y lámparas.

Gran contraste si comparamos
con el periodo anterior,
catedrales e iglesias románicas
en las que la oscuridad predominaba,
por esos muros tan anchos
y pequeñez de las ventanas,
con sus arcos de medio punto,
y bóvedas de cañón,

todo ello deviniendo

en una austera decoración,

y en las que el mundo feudal

tenía gran representación

así como gran afán didáctico

en cuanto a la religión

con expresivas figuras de piedra

de rasgos exagerados o deformados

para mostrar emoción.

Siglos después el barroco

tendría esta misma intención,

no exactamente didáctica

sino de dramatizar y conmover

insistiendo en la emoción,

aunque esta vez lo representaría

con extravagancia y ostentación.

35.

Cine

Acción.

Corran,

corten.

La voz del director
destaca sobre las otras
y todos le obedecen,
están grabando una historia.
Es un día de invierno,
pero van en manga corta
porque la historia transcurre en verano,
pues pasar frío y sufrir toca,
que después,
cuando se estrene en los cines,
si la crítica acompaña,
no recordarán el frio
cuando el público aplauda.

Y pese a estas parrafadas
no sé si arte al cine se le podrá considerar,

pero arte es hacer reír

y también hacer llorar

y hacer soñar y sentir una y mil emociones

y hacerte creer que habitas otras regiones

y que vives otras vidas,

porque si eso no es arte,

¿qué otra cosa lo sería?

36.

Teatro

Ahora es un teatro

y la sala está muy llena,

pero aquellos actores

parece que a nadie vieran,

a nadie más que a ellos mismos

y a sus compañeros de escena;

porque al público no lo ven

aunque se encuentre tan cerca,

porque les ciega la luz

y porque muy bien se concentran.

Y actuando en ese escenario,

todo su mundo allí encuentran:

su casa, la de sus amigos,

la oficina y hasta las tiendas;

todo está en ese fondo

de la sala que los alberga.

Y en esa pequeña estancia

van desgranando sus vidas

y tejiéndolas paso a paso

como hace cualquier mortal

viviendo su día a día,

pues también entre varios escenarios

se desarrolla la mayor parte de la vida.

37.

Un concierto

En este momento

las notas musicales

unidas en acordes,

rompen el silencio de la sala,

en una mezcla de sonidos,

como los resultantes

de los acordes de tríada y cuatríada.

Esta vez son instrumentos musicales

para un concierto

los que llenan la estancia,

cada uno haciendo tándem con su músico,

pues los dos forman la pareja,

y ambos son necesarios

para que el sonido emerja.

Cada instrumento produce un sonido,

unos más graves y otros más agudos;

y entre todos surge una melodía

llena de armonía

que estremece a las estrellas,

y fascina al auditorio,

que ensimismado,

y emocionado,

espera hasta el final

para estallar en plausos.

38.

El ballet

Ahora es un ballet

Y los bailarines acaparan toda la atención,

danzando cual mariposas o polillas,

según su vestuario,

sobre la punta de sus zapatillas,

y saltando graciosamente

para caer de puntillas,

como marionetas que de un hilo cuelgan

mientras unas manos las sujetan.

Y ahora, para decir adiós al arte

termino loando a dos composiciones poéticas,

al soneto y al romance.

39.

Soneto

Quisiera un helado de corneto,

sin duda la tarde es calurosa,

y no se ve ni una mariposa;

trataré de componer un soneto.

El intento me deja muy inquieto,

ojalá las musas sean generosas,

inspiren más en verso que en prosa

y no me metan en un gran aprieto.

Por fin el helado he conseguido,

pues a pesar de la fuerte calima

a la tórrida calle he salido.

Las musas han inspirado la rima,

y versos con un poco de sentido,

aunque no me eleven a la cima.

40.

Segundo soneto

Un segundo soneto voy a crear

con sus dos cuartetos y dos terceros

pero aunque el lío sea completo

esta composición voy a terminar.

Los endecasílabos han de rimar,

rima consonante es lo correcto;

se parece mucho a un boceto,

una estructura tengo que armar.

Y el argumento tiene que gustar,

en mi caso va sobre los versitos

y ahora sólo queda rematar.

Y con un final que quede bonito;

pues dicho final también ha de rimar

para que todo quede cumplidito.

41.

Romance

Voy a plasmar un poema

sobre la luna y el sol,

y hoy voy con un romance

otro romance español,

que versa sobre la luna,

brillante como el charol,

también muy enamorada,

girándose cual girasol,

para mirar al amado

alegre como un guiñol

aunque muy emocionado

pero manteniendo el rol.

42.

Otro romance

Llega la feliz pareja;

bellos y enamorados

llegan de su luna de miel

donde bien han disfrutado;

les ha resultado corta,

pues genial lo han pasado;

y les espera la vida,

por la que han apostado,

como esa comienza ya,

que recuerden lo pactado.

Epílogo

Y con esto me despido
y espero haberos gustado,
o al menos entretenido.

europa
ediciones